LE RÈGLEMENT D'ADMINISTRATION PUBLIQUE
DU 2 SEPTEMBRE 1924

Dans notre brochure : *La loi des pensions du 14 avril 1924*, figurent des commentaires forcément succincts, car aucun texte réglementaire ne permettait de se rendre compte des conditions dans lesquelles la loi serait interprétée; nous avions donc dû nous baser uniquement sur les travaux et débats parlementaires.

Or, le Règlement d'administration publique prévu par la loi a été publié à la date du 2 septembre; mais, contrairement à ce qu'on aurait pu supposer, il laisse encore dans l'ombre un certain nombre de questions fort importantes pour la solution desquelles le rapport qui le précède renvoie à des règlements particuliers devant intervenir ultérieurement.

Le Règlement du 2 septembre, ainsi que l'indique ce même rapport, ne présente donc pas un ensemble complet des mesures propres à assurer la mise en œuvre de la loi du 14 avril 1914; il permettra cependant, dans la plupart des cas, de procéder à l'application de la réforme des retraites, application qui est impatiemment attendue par les intéressés.

Quelque restreinte qu'en soit sa portée, il nous permet néanmoins de donner un certain nombre de précisions nouvelles. Aussi avons-nous jugé indispensable de fournir les commentaires qui suivent, en nous conformant, dans toute la mesure du possible, au plan que nous avons observé dans notre brochure initiale.

Bénéficiaires de la loi.

DATE D'APPLICATION DE LA LOI DU 14 AVRIL 1924.

La loi du 14 avril 1924 a été promulguée au *Journal officiel* du 15. Le Conseil d'Etat a estimé qu'elle devenait exécutoire un jour franc après la parution du *Journal officiel* et a été ainsi amené à fixer au 17 avril 1924 le point de départ de l'application de la loi nouvelle (premier alinéa de l'article 1er du Règlement).

BÉNÉFICIAIRES.

Bénéficient intégralement de toutes les dispositions de la loi, les fonctionnaires civils et les militaires « dont la pension n'était pas concédée le 17 avril 1924 ».

Il en résulte qu'un militaire rayé des contrôles, par exemple, le 1er décembre 1923, mais dont la pension n'était pas concédée le 17 avril 1924, bénéficiera de toutes les règles nouvelles.

Au contraire, celui dont la pension a été concédée, ne fût-ce que le 16 avril 1924, ne pourra se réclamer que du titre VI de la loi, qui prévoit la revision des pensions sur la base dés seuls tarifs désormais en vigueur (premier alinéa de l'article 1er et titre V du Règlement).

SUPPLÉMENTS SOUMIS A RETENUE.

1° *Fonctionnaires civils.*

L'article 4 de la loi énumère un certain nombre de suppléments de traitement comme devant désormais être soumis à retenue et il y ajoute : « de façon générale, les indemnités constituant des suppléments de traitement, à l'exclusion des indemnités spéciales ou représentatives de dépenses. »

Les suppléments de traitement et les indemnités ainsi

DÉCRET DU 2 SEPTEMBRE 1924

PORTANT RÈGLEMENT D'ADMINISTRATION PUBLIQUE

EN VUE DE L'EXÉCUTION DES DISPOSITIONS DE LA LOI DU 14 AVRIL 1924

SUR LA

RÉFORME DES PENSIONS

CIVILES ET MILITAIRES

CHARLES-LAVAUZELLE & Cᴵᴱ

Éditeurs militaires

PARIS, Boulevard Saint-Germain, 124

LIMOGES, 62, Avenue Baudin | 53, Rue Stanislas, NANCY

visés d'une façon générale, donc non expressément indiqués par la loi, seront déterminés, pour chaque administration, par un décret contresigné du Ministre intéressé et du Ministre des finances (article 14 du Règlement).

2° *Militaires.*

Les émoluments à considérer, pour les militaires, sont les suivants : solde *budgétaire* métropolitaine de présence à terre, indemnité temporaire, supplément temporaire de solde, haute paye, supplément de haute paye et indemnité pour charges militaires, taux n° 3, célibataire dans chaque grade (article 27 du Règlement).

BASES DE LA PENSION.

1° *Règles générales.*

En principe, la pension civile ou militaire est basée sur la moyenne des traitements, soldes et émoluments de toute nature soumis à retenue, dont l'ayant droit a joui pendant ses trois dernières années d'activité.

Il n'est tenu compte que des émoluments effectivement perçus. Lorsque les intéressés ont bénéficié d'augmentation par paliers annuels successifs, au cours de ces trois dernières années, la moyenne des sommes ainsi perçues est seule prise en considération.

Les fonctionnaires civils bénéficiaires de l'article 7 de la loi du 1ᵉʳ avril 1923 qui, déjà au dernier échelon de leur emploi, n'ont pas perçu effectivement le rappel de leur traitement verront, de même, leur traitement moyen déterminé d'après les seuls émoluments qu'ils ont réellement touchés au cours de leurs trois dernières années d'activité.

En ce qui concerne les militaires qui, au cours de leurs trois dernières années d'activité, ont perçu des émoluments, soit supérieurs à la solde de présence (par exemple, bénéficiaires de la solde coloniale), soit inférieurs à la solde de présence (par exemple, officiers en non-activité, en congé avec solde d'absence ou sans solde), ils seront réputés avoir perçu la solde de présence (deuxième alinéa de l'article 26 du Règlement).

2° *Bonifications pour famille nombreuse.*

Les bonifications pour famille nombreuse ne sont allouées qu'aux titulaires de pensions d'ancienneté.

Elles ne sont pas dues aux titulaires de pensions proportionnelles ni aux bénéficiaires de pensions d'invalidité.

Sous ces réserves, lorsqu'un enfant atteindra l'âge de 16 ans après concession de la pension due à son père, celui-ci pourra obtenir la revision de sa pension, en vue de bénéficier de la bonification due du chef de cet enfant.

Toutefois, cette revision ne pourra être opérée que si l'intéressé ne reçoit pas, du chef d'autres enfants, des indemnités pour charges de famille, indemnités auxquelles il peut, d'ailleurs, renoncer pour obtenir cette revision (article 2 du Règlement).

3° *Indemnités pour charges de famille.*

Les indemnités pour charges de famille ne sont allouées qu'aux titulaires de pension d'ancienneté (c'est-à-dire réunissant au moins trente ou vingt-cinq ans de *services effectifs*) et aux titulaires de pensions d'invalidité civiles.

Elles ne sont pas dues aux titulaires de pensions proportionnelles (même aux militaires qui réuniraient, campagnes comprises, plus de vingt-cinq ou trente annuités, mais qui n'auraient pas effectué vingt-cinq ou trente ans de services effectifs), ni aux bénéficiaires de pension d'invalidité militaire.

Elles ne se cumulent pas non plus avec les majorations d'enfants auxquelles pourrait avoir droit, en vertu de la loi du 31 mars 1919, un titulaire de pension d'ancienneté bénéficiant, en outre, d'une pension d'invalidité du taux de soldat, en exécution de l'article 60 de cette même loi du 31 mars 1919.

3ᵉ *Caporaux et soldats.*

Il peut se faire qu'un sous-officier ait été caporal ou soldat au cours de ses trois dernières années d'activité. On ne peut dès lors calculer de solde moyenne, les caporaux et soldats ne jouissant que d'une solde journalière.

Dans ce cas, l'article 26 du Règlement prévoit que l'on calcule séparément, pour le temps passé dans chaque situation, la pension qui reviendrait à l'intéressé s'il avait occupé cette situation pendant les trois dernières années considérées. Ses droits sont ensuite établis d'après la moyenne des pensions séparées ainsi obtenues, moyenne proportionnelle au temps passé dans chaque situation.

Ainsi, un sergent admis à la retraite avec vingt-cinq annuités et ayant servi, au cours de ses trois dernières années d'activité, d'abord un an comme caporal, puis deux ans comme sergent, obtiendra la pension suivante :

Pension entière de sergent : 2.527;
Pension entière de caporal : 2.120;
Pension due : $(2.527 \times 2) + 2.120 : 3 = 2.391$ (article 26 du Règlement).

4ᵒ *Militaires de la gendarmerie.*

Les majorations spéciales á l'arme de la gendarmerie n'entrent pas en compte dans le calcul des bonifications pour famille nombreuse (article 30 du Règlement).

Le Règlement est muet sur la question de savoir si elles peuvent être allouées en sus du maximum résultant de l'octroi des quinze annuités supplémentaires prévues à l'article 34 de la loi.

En raison du silence même du Règlement, et des prescriptions impératives de l'article 2 et de l'article 34 de la loi, il est à craindre que les majorations spéciales à l'arme ne soient accordées que dans la limite du maximum précité.

DÉCOMPTE DE LA PENSION D'ANCIENNETÉ.

1° *Fonctionnaires civils.*

Les articles 1er et 13 du Règlement donnent toutes précisions utiles quant au mode de décompte des pensions civiles.

Pour les fonctionnaires civils ayant effectué des services militaires, ces services sont liquidés, soit comme services civils, soit comme services militaires, conformément aux dispositions de l'article 13 de la loi.

Les anciens combattants voient leurs campagnes 1914-1919 calculées d'après le traitement servant de base à la détermination de la pension. Pour les campagnes antérieures ou postérieures à la guerre, et pour les campagnes accomplies pendant les hostilités par des non-combattants, les bonifications sont décomptées d'après la solde afférente, au moment de la cessation des services militaires, au grade occupé en dernier lieu par les intéressés.

Sont considérés comme anciens combattants, les fonctionnaires civils ayant appartenu aux unités figurant au tableau annexé à la loi du 17 avril 1924 (articles 18 et 19 du Règlement).

TABLEAU ANNEXÉ A LA LOI DU 17 AVRIL 1924.

Nomenclature des combattants.

PREMIER GROUPE.

a) *Armée de terre :*

Infanterie (unités appartenant aux corps actifs et aux corps anciennement dits « de réserve », bataillons territoriaux combattants);
Artillerie de tranchée;
Artillerie d'assaut (chars de combat);
Artillerie de campagne;
Aviation (personnel navigant);
Génie divisionnaire;
Cavalerie;
Artillerie lourde courte;
Artillerie longue (pour le temps passé en première ligne);
Groupe d'auto-canons et d'auto-mitrailleuses (pour le temps passé en première ligne);
Etat-major des brigades.

b) *Armée de mer :*

Bâtiments de guerre ou de commerce ayant navigué effectivement;
Aviation (personnel navigant);
Pilotes et observateurs;
Fusiliers et canonniers marins.

DEUXIÈME GROUPE.

a) *Armée de terre :*

Artillerie lourde (en dehors de l'artillerie lourde courte);
Sections de munitions;
Trains de combat;
Trains régimentaires;
Brancardiers divisionnaires;
Parcs volants du génie;
Payeurs et officiers d'approvisionnement des régiments;
Génie : télégraphie;
Projecteurs de campagne;
Compagnies d'aérostiers;
Groupes d'auto-canons et d'auto-mitrailleuses (en dehors du temps passé en première ligne);
Unités de tir contre avions (pour le temps passé à moins de quinze kilomètres du front), conformément au tableau annexé à la loi du 20 juillet 1922;
Etats-majors des divisions;
Eléments divisionnaires de l'intendance, du Trésor et postes et de la justice militaire.

TROISIÈME GROUPE.

a) *Armée de terre :*

Artillerie à longue portée;
Grands parcs;
Services du ravitaillement;
Train des équipages militaires;
Ambulances des corps d'armée et volantes;
Bataillons territoriaux de travailleurs;
Cantonniers;
Unités de tir contre avions (pour le temps passé à plus de quinze kilomètres du front);
Compagnies de sapeurs de chemins de fer;
Sections de chemins de fer de campagne;
Services d'état-major des C. A. et des armées;
Eléments de l'intendance, du Trésor et postes et de la justice militaire rattachés au C. A.;

b) *Armée de mer :*

Bases navales;
Centres d'aviation, d'aérostation et de captifs;
Points d'appui de la flotte (y compris ceux situés loin de la métropole);
Missions militaires près les armées alliées.

JUSTIFICATION DES TITRES.

Pour établir les titres et services des fonctionnaires démobilisés, les administrations devront utiliser, comme moyen de contrôle, les états signalétiques et des services délivrés par les bureaux de recrutement, les feuillets portant la prime de démobilisation ainsi que les relevés des citations, certificats de blessures fournis par les corps, et les certificats de pension et d'invalidité délivrés par les centres de réforme.

2° *Militaires.*

Les articles 1ᵉʳ, 26, 27, 28, 29, 30, 32 et 35 du Règlement donnent toutes les précisions nécessaires au sujet du mode de décompte des pensions militaires.

A noter que les militaires titulaires de la pension d'invalidité minimum prévue par le dernier alinéa de l'article 47 de la loi ne peuvent pas bénéficier des indemnités pour charges de-famille, ni des bonifications pour famille nombreuse, ni de l'allocation spéciale aux grands invalides, mais il ont droit, en sus de cette pension, aux majorations d'enfants prévues par l'article 13 de la loi du 31 mars 1919, et, le cas échéant, aux majorations supplémentaires de grands invalides (article 35 du Règlement).

DROITS DES VEUVES ET DES ORPHELINS.

L'article 4 du Règlement écarte, pour le calcul de la pension due aux veuves et orphelins, la bonification pour famille nombreuse à laquelle aurait pu avoir droit le décédé.

Ainsi, un retraité qui, en raison de ses services, avait droit à pension d'ancienneté de 4.000 francs bénéficie, s'il a élevé trois enfants jusqu'à l'âge de 16 ans, d'une majoration de un dixième; soit 400 francs, et a une pension totale de 4.400 francs.

A son décès, la pension de sa veuve et de ses orphelins est calculée sur 4.000 et non sur 4.400 francs. La veuve aura droit à 2.000 francs et chaque orphelin à 400 francs (article 4 du Règlement).

Toutefois, la pension de l'orphelin sera portée au taux de l'indemnité pour charges de famille (495 ou 840 francs, selon qu'il s'agit de l'un des deux premiers enfants ou d'enfants en sus du deuxième).

L'orphelin bénéficiera de cette indemnité jusqu'à 21 ans s'il poursuit des études jusqu'à cet âge; jusqu'à 18 ans s'il est en apprentissage; jusqu'à 16 ans dans tous les autres cas. Puis, de 18 ou de 16 ans jusqu'à 21 ans, il recouvre droit à la pension de 400 francs. Passé l'âge de 21 ans, la pension temporaire est supprimée (article 5 du Règlement).

Les articles 36 et 37 du Règlement fixent d'une façon très précise les droits généraux des veuves et des orphelins de militaire, selon la situation qu'occupait le décédé lors de sa mort et le nombre d'années de services qu'il avait effectué.

RÈGLES PROHIBITIVES DE CUMUL.

A part les pensions proportionnelles (lesquelles ne sont pas assujetties aux règles prohibitives de cumul), tout pensionné peut cumuler sa pension avec un traitement civil jusqu'à concurrence de 18.000 francs ou du traitement de base de la pension afférente à son dernier grade, si ce dernier traitement est supérieur à 18.000 francs.

De plus, conformément à la loi, si son traitement civil est supérieur à 18.000 francs ou au traitement de base qui vient d'être indiqué, c'est le traitement de l'emploi actuel qui forme limite de cumul.

Enfin, les pensionnés titulaires d'un emploi à salaire journalier ne sont pas soumis aux règles prohibitives de cumul (article 9 du Règlement).

RÉVISION DES PENSIONS DÉJA CONCÉDÉES.

Tous les pensionnés verront leur situation revisée comme s'ils avaient été rayés des cadres le 17 avril 1924. Le traitement moyen sera établi d'après les émoluments qu'aurait perçus un fonctionnaire ou un militaire pendant la période du 17 avril 1921 au 16 avril 1924, dans les emplois, grades, classes et échelons analogues à ceux qu'a occupés le pensionné pendant ses trois dernières années d'activité (articles 53, 54 et 55 du Règlement).

Les pensions ainsi revisées sont exclusives de toutes majorations à titre de bonification pour famille nombreuse ou d'indemnité pour charges de famille (article 53 du Règlement).

La pension des veuves et des orphelins sera revisée à raison de 50 p. 100 de la pension qui serait revenue au mari ou au père, d'après les règles qui viennent d'être indiquées, si sa retraite avait été revisée (articles 54 et 55 du Règlement).

VEUVES DONT L'AYANT CAUSE EST DÉCÉDÉ SANS AVOIR DROIT A PENSION.

L'article 11 du Règlement détermine les modalités d'application de l'article 68 de la loi, relatif aux veuves des fonctionnaires et militaires de carrière qui sont décédés en activité de service sans avoir droit à pension.

Décret portant règlement d'administration publique en vue de l'exécution des dispositions de la loi du 14 avril 1924 sur la réforme des pensions civiles et militaires.

Paris, le 2 septembre 1924.

RAPPORT AU PRÉSIDENT DE LA RÉPUBLIQUE FRANÇAISE.

Monsieur le Président,

L'article 81 de la loi du 14 avril 1924 sur la réforme des pensions civiles et militaires prévoit l'élaboration, dans les six mois suivant sa promulgation, d'un règlement d'administration publique déterminant les mesures propres à assurer l'exécution des dispositions de cette loi.

C'est ce règlement que j'ai l'honneur de soumettre à votre haute sanction.

Mais on ne pourrait, dans un règlement unique, trancher toutes les questions que soulève une réforme de pareille étendue. La loi du 14 avril 1924 précise, d'ailleurs, que des règlements particuliers devront intervenir sur différents points, notamment pour la détermination du traitement de base des agents rétribués par des remises ou salaires variables (article 6), pour la fixation des limites d'âge (article 8), pour la désignation des personnels bénéficiaires du nouveau régime (article 69), etc. Le présent texte se borne donc à fixer les modalités d'application des questions les plus importantes et les plus urgentes, celles dont le règlement immédiat est indispensable.

Bien que les dispositions qui vous sont soumises aujourd'hui ne présentent donc pas un ensemble complet des mesures propres à assurer la mise en œuvre de la loi du 14 avril 1924, elles permettront cependant de procéder, dans la plupart des cas, à l'application de la réforme des retraites, application qui est impatiemment attendue par les intéressés.

Je vous prie d'agréer, Monsieur le Président, l'hommage de mon profond respect.

Le Ministre des finances,
CLÉMENTEL.

DÉCRET.

Le Président de la République française,

Sur le rapport du Ministre des finances,

Vu la loi du 14 avril 1924 portant réforme du régime des pensions civiles et des pensions militaires, notamment l'article 81 de ladite loi, ainsi conçu : « Un règlement d'administration publique déterminera, dans les six mois de la promulgation de la présente loi, les mesures propres à en assurer l'exécution »;

Vu la loi du 11 avril 1831 sur les pensions de l'armée de terre;

Vu la loi du 18 avril 1831 sur les pensions de l'armée de mer;

Vu la loi du 9 juin 1853 sur les pensions civiles et le décret portant règlement d'administration publique pour l'exécution de cette loi, en date du 9 novembre 1853;

Vu la loi du 30 décembre 1913 sur les pensions;

Vu la loi du 31 mars 1919 modifiant la législation des pensions des armées de terre et de mer en ce qui concerne les décès survenus, les blessures reçues et les maladies contractées ou aggravées en service;

Vu les avis des Ministres de la guerre, de la marine, des colonies et des pensions,

Le Conseil d'Etat entendu,

Décrète :

TITRE Iᵉʳ.

DISPOSITIONS COMMUNES AUX AGENTS CIVILS ET MILITAIRES ET A LEURS AYANTS CAUSE.

Article 1ᵉʳ. La pension d'ancienneté acquise au militaire et au fonctionnaire civil dont la pension n'était pas concédée le 17 avril 1924, est réglée comme suit :

Le minimum forfaitaire fixé au deuxième paragraphe de l'article 2 de la loi est attribué en premier lieu; il rémunère les trente ou les vingt-cinq ans de services exigés suivant les cas pour que s'ouvre le droit à pension.

Les annuités d'accroissement pour les services rendus en excédent de ces trente ou vingt-cinq années seront décomptées de la façon suivante :

Dans la liquidation de la pension militaire, les annuités de services militaires en excédent seront rémunérées dans tous les cas en cinquantièmes.

Dans la liquidation de la pension civile, les annuités d'accroissement seront rémunérées dans tous les cas en soixantièmes pour les agents ne comptant que des services sédentaires, en cinquantièmes pour les agents ne comptant que des services civils actifs et des services militaires.

Pour les agents à carrière mixte, lorsque le droit à pension s'ouvre 'à trente ans de services, les années comportant la rémunération la moins favorable sont incluses en premier lieu dans le minimum.

Lorsque le droit à pension s'ouvre à vingt-cinq ans de services, quinze années de services actifs sont d'abord incluses dans le minimum; les années comportant la rémunération la moins favorable sont ensuite imputées sur les dix années à compter pour parfaire le minimum de vingt-cinq années. Dans les cas visés aux deux précédents paragraphes, les annuités en excédent sont ensuite décomptées sans considération de l'époque où les services ont été rendus et sont rémunérées en cinquantièmes pour les annuités de services militaires ou de services civils actifs, en soixantièmes pour les annuités de services sédentaires.

Article 2. Dans la limite des maxima fixés par la loi, au montant de la pension d'ancienneté s'ajoutent les majorations pour enfants prévues à l'article 2 de la loi du 14 avril 1924. Ces majorations sont déterminées en tenant compte des enfants du fonctionnaire ou du militaire élevés par lui depuis leur naissance jusqu'à l'âge de 16 ans.

Elles sont acquises lors de la concession de la pension, à raison du nombre des enfants, ayant atteint l'âge de 16 ans avant la cessation des services.

Lorsque, après la concession de la pension, un fonctionnaire ou militaire, père de trois enfants au moins, n'a plus droit à aucune indemnité pour charges de famille, sa pension peut être majorée dans les conditions prévues aux précédents paragraphes.

Il peut, toutefois, demander que la majoration soit liquidée à son profit dès qu'il y a droit en renonçant aux indemnités auxquelles il peut prétendre.

Article 3. Les indemnités pour charges de famille, si elles

sont accordées au titre d'enfants âgés de moins de 16 ans, sont maintenues après l'admission à la retraite, lorsque le fonctionnaire ou le militaire réunit au moins trente ou vingt-cinq ans de services effectifs ou lorsque le droit à pension est acquis au titre des articles 19, 20, 21 et 22 de la loi.

Le montant de ces indemnités ne fait pas partie intégrante de la pension. Elles sont ordonnancées sur des crédits spéciaux.

Les bénéficiaires de l'article 60 de la loi du 31 mars 1919 lorsqu'ils pourront prétendre, soit auxdites indemnités, soit aux majorations pour enfants, attribuées par application de la loi du 14 avril 1924, ne pourront cumuler le bénéfice de ces avantages avec les majorations pour enfants acquises au titre de la loi du 31 mars 1919.

Article 4. Les droits des veuves et orphelins des fonctionnaires civils et des militaire sont établis d'après la pension d'ancienneté du mari ou du père telle qu'elle est prévue aux paragraphes 2 et 3 de l'article 2 de la loi du 14 avril 1924 ou d'après la pension à laquelle il aurait pu prétendre à un autre titre aux termes de la loi ci-dessus visée.

Si le mari ou le père comptait plus de quinze ans de services sans pouvoir prétendre à pension, les droits de ses ayants cause sont calculés d'après une pension proportionnelle à la durée de ses services.

Lorsque le mari ou le père ne comptait pas les quinze ans de services prévus à l'article 22, premier paragraphe, de la loi, les ayants cause ont droit à une pension calculée d'après la rente viagère qui aurait été acquise au mari ou au père le jour de son décès par application des paragraphes 2 et 3 de l'article 22.

Article 5. Les orphelins des fonctionnaires ou militaires ont droit à une pension temporaire égale à 10 p. 100 de la retraite qui a été ou qui aurait été attribuée à celui de leurs parents duquel ils tiennent leurs droits à pension.

Lorsque le montant de l'indemnité pour charges de famille dont le père ou la mère bénéficieraient de son chef est supérieur à la pension temporaire de l'orphelin, cette pension est élevée au montant de l'indemnité pour charges de famille. Cette disposition est applicable jusqu'au jour où les orphelins atteignent leur majorité, s'ils poursuivent des études justifiées par un certificat délivré par les chefs d'établissements; jusqu'au jour où ils atteignent l'âge de dix-huit ans en ce qui concerne les enfants pour lesquels il aura été passé un contrat d'apprentissage; jusqu'au jour où ils atteignent l'âge de 16 ans dans les autres cas.

La pension temporaire des orphelins mineurs est accordée sur la demande de leur représentant légal et sur la production de l'acte de naissance et d'un certificat de vie de chacun des enfants; le certificat de vie est délivré par le maire dans les formes réglementaires.

Article 6. La veuve qui se remarie étant titulaire d'une pension prévue par la loi, et qui entend y renoncer en vue d'obtenir le versement immédiat d'un capital, adresse sa demande au Ministre des finances.

Cette demande doit être faite au plus tard le lendemain de l'expiration de l'année qui suit le nouveau mariage. Elle doit faire connaître s'il subsiste des enfants mineurs vivants issus du mariage. La signature de l'intéressée doit être légalisée.

Les arrérages de la pension de la veuve sont décomptés jusqu'à l'expiration de l'année qui suit le nouveau mariage. Le livret de pension est remis au moment du versement du capital.

Le point de départ des arrérages reversés, s'il y a lieu, sur la tête des enfants mineurs, est la date à laquelle est arrêté le payement de ceux afférents à la pension de la mère. Ces arrérages s'ajoutent à ceux de la pension temporaire ou éventuellement des pensions temporaires concédées aux enfants mineurs à titre personnel dans les conditions prévues au quatrième paragraphe de l'article 23 de la loi.

Article 7. Le délai d'un an prévu en cas de disparition par l'article 55 de la loi du 14 avril 1924 courra à dater de la dernière échéance non touchée de la pension, lorsque le disparu était titulaire d'une pension.

Lorsque le disparu n'était pas titulaire d'une pension, ce délai d'un an courra à dater du jour où son chef de service aura constaté la disparition par acte spécial.

La demande de pension, formée par les ayants cause, de même que la demande tendant à faire déclarer la présomption de disparition, sera appuyée des procès-verbaux de police et autres pièces relatant les circonstances de la disparition.

Article 8. Dans le cas prévu par l'article 58 de la loi du

14 avril 1924, la perte du droit à pension sera prononcée par un acte de même nature que celui qui a concédé la pension.

Cet acte est pris sur l'initiative du ou des Ministres qui ont concédé la pension ou qui auraient eu qualité pour la concéder.

Article 9. Il n'est fait état pour la détermination du traitement ou de la solde en vue de l'application des règles sur le cumul d'une pension et d'un traitement, que des accessoires de traitement ou de solde dont il est tenu compte pour l'établissement de la pension.

Sont considérées comme traitement dont le cumul avec la pension est soumis aux règles restrictives édictées par l'article 59 de la loi du 14 avril 1924 les sommes allouées, sous quelque dénomination que ce soit, à raison de services rémunérés au mois ou à l'année.

Article 10. Le montant des retenues transférées à la Caisse nationale d'assurances en cas de décès, par application des articles 17 et 44 de la loi du 14 avril 1924, est augmenté, pour chaque année à partir du 31 décembre, des intérêts simples calculés au jour du départ du fonctionnaire ou du militaire. Il en sera de même pour les retenues versées à la Caisse nationale des retraites pour la vieillesse au titre du deuxième paragraphe de l'article 22.

Les retenues remboursées au titre des paragraphes 4 et dernier de l'article 17 seront également majorées des intérêts simples calculés à partir du 31 décembre de chaque année.

Article 11. L'allocation annuelle prévue à l'article 68 de la loi est acquise, à dater du 17 avril 1924, aux veuves des fonctionnaires et employés civils, des militaires et marins de carrière qui, alors qu'ils étaient assujettis au régime général des pensions civiles et des pensions militaires, sont décédés se trouvant dans une position susceptible d'ouvrir droit à pension, sans laisser de droits à leur veuve soit au titre de la législation civile, soit au titre de la législation militaire.

L'attribution de l'allocation annuelle est soumise aux conditions touchant la durée du mariage telles qu'elles sont exigées par l'article 23 (deuxième paragraphe) de la loi du 14 avril 1924.

L'allocation sera calculée d'après le dernier traitement ou la dernière solde effectivement touchée par le fonctionnaire ou militaire et sur la base des services effectifs valables d'après

la législation en vigueur au moment du décès du fonctionnaire
ou militaire.

Les veuves qui ne sont titulaires ni d'une pension, ni d'un
emploi public, ni d'un bureau de tabac de 1re classe devront
le déclarer expressément dans leur demande d'allocation.

Si elles sont titulaires d'un emploi public ou d'un bureau de
tabac de 1re classe, elles doivent établir qu'il ne leur a pas été
attribué à raison des services rendus par leur mari. Si elles
n'établissent pas qu'il ne leur a pas été attribué à ce titre, elles
doivent y renoncer expressément par déclaration séparée jointe
à leur demande d'allocation. Cette déclaration sera transmise
au service dont relève l'emploi qu'elles occupent par les soins
du Ministre qui reçoit la demande d'allocation. Le point de
départ de l'allocation sera celui de la cessation du traitement
attaché à l'emploi ou de l'exploitation du bureau de tabac. La
renonciation à l'emploi ou au bureau de tabac prend effet à dater du jour où l'intéressée commence à percevoir l'allocation.

Article 12. Toutes les fois que les bénéficiaires de la loi ou
leurs ayants cause auront à exercer une option, soit entre deux
retraites, soit entre deux régimes de retraite, ils devront faire
connaître leur décision au Ministre dont ils relèvent, sauf fixation
d'un délai différent par la loi, dans un délai d'un an à dater de
la publication du présent règlement, ou, si le jour où s'ouvre
leur droit d'option est postérieur à cette publication, à dater de
ce jour.

La demande devra être adressée par lettre, dont il sera accusé
réception et qui devra figurer au dossier de la proposition de
pension.

Le délai ci-dessus fixé est porté à dix-huit mois pour les fonctionnaires des colonies et leurs ayants cause.

Passés les délais ci-dessus visés, leur option ne sera plus ad-
mise.

TITRE II.

DISPOSITIONS SPÉCIALES AUX FONCTIONNAIRES ET EMPLOYÉS CIVILS ET A LEURS AYANTS CAUSE.

Article 13. Dans le cas où le fonctionnaire n'a pas droit à une
pension pour ancienneté mais peut néanmoins prétendre à pension à un autre titre, celle-ci est établie à raison de un trentième
ou de un vingt-cinquième du minimum forfaitaire qui reviendrait à l'ayant droit s'il comptait trente ou vingt-cinq ans de
services liquidables.

Pour les agents à carrière mixte, chaque année de services sédentaires donnera droit à un trentième du minimum et chaque année de services actifs ou de services militaires à un vingt-cinquième, sans que la pension puisse dépasser le minimum forfaitaire prévu à l'article 2 (paragraphe 2) de la loi, augmenté, s'il y a lieu, de la liquidation des campagnes.

La pension d'invalidité liquidée au titre de l'article 22 (premier paragraphe) et calculée à raison de un cinquantième ou de un soixantième du traitement moyen, ne pourra être supérieure au minimum de la pension qui serait liquidée au titre de la durée des services, augmenté, s'il y a lieu, de la liquidation des campagnes.

Article 14. Les suppléments de traitement et les indemnités constituant des suppléments de traitement à soumettre à la retenue de 6 p. 100, par application de l'article 4 de la loi du 14 avril 1924, en dehors de ceux expressément visés par la loi, seront déterminés pour chaque administration par un décret, contresigné du Ministre intéressé et du Ministre des finances.

Article 15. Les demandes d'admission à la retraite doivent être adressées au Ministre par la voie hiérarchique. Il en est accusé réception. Pendant le délai de préavis de six mois prévu par l'article 11 de la loi, il appartient au Ministre de prononcer cette admission à toute époque.

Article 16. Les bonifications prévues à l'article 9 de la loi du 14 avril 1924 pour les services civils rendus hors d'Europe sont acquises à tous les fonctionnaires civils de l'Etat servant hors d'Europe, sans distinction d'origine.

Les agents en fonctions le 17 avril 1924 pourront obtenir, pour la période de service antérieure à cette date l'application de l'article 10 (premier paragraphe) de la loi du 9 juin 1853.

En aucun cas, la bonification résultant des dispositions de l'article 9 (premier paragraphe) ne pourra se cumuler, pour l'établissement du droit à pension ou pour la liquidation, avec celle résultant du classement des services dans la partie active.

Article 17. Les services de surnuméraire, de stagiaire, d'auxiliaire, de temporaire ou d'aide, accomplis dans les établissements ou administrations de l'Etat, lorsqu'ils auront été régularisés par le payement des retenues rétroactives, placeront l'intéressé, au point de vue du droit à la retraite et du payement des retenues, dans la situation où il se serait trouvé s'il avait été titularisé dès l'origine de ces services.

Les retenues rétroactives doivent être versées pour la totalité des services visés au premier paragraphe, qu'ils aient été continus ou discontinus.

Les retenues seront calculées à raison de 5 p. 100 pour la période antérieure au 17 avril 1924, de 6 p. 100 à partir du 17 avril 1924, sur le traitement initial effectivement touché par le fonctionnaire lorsqu'il a été titularisé.

Toutefois, le cas échéant, seront déduites des retenues à verser celles qui auraient été effectuées à raison des services prévus au premier paragraphe du présent article. La rente viagère correspondant à ces versements et à la bonification de l'Etat viendra en déduction du montant de la pension, cette rente étant calculée, pour les agents ayant effectué les versements à capital réservé comme si ces versements avaient été effectués à capital aliéné. Un décret rendu sur la proposition du Ministre des finances réglera les modalités d'exécution du présent paragraphe.

Les fonctionnaires titulaires pourront, dans un délai d'un an à dater de la publication du présent règlement, faire connaître, par lettre adressée au Ministre dont ils relèvent, lettre dont il sera accusé réception, s'ils entendent bénéficier de la faculté prévue aux précédents paragraphes. Pour les agents qui seraient titularisés après la publication de ce règlement, ce délai d'un an courra à dater du jour de leur titularisation.

Les retenues rétroactives pourront, si la période à laquelle elles s'appliquent est inférieure à deux ans, faire l'objet de douze versements mensuels, le premier échéant à l'expiration du troisième mois complet écoulé depuis la demande. Si ladite période est égale ou supérieure à deux ans, les retenues seront acquittées par des versements mensuels échelonnés sur autant de semestres que le temps de service à valider comprend d'années entières, sans que le délai accordé pour la libération totale de l'intéressé puisse dépasser cinq années. A toute époque, les intéressés pourront se libérer par anticipation. Les sommes non encore exigibles et restant dues au jour de la concession de la pension seront précomptées sur les arrérages de la retraite sans que ce prélèvement du vivant du pensionnaire puisse réduire ces arrérages de plus d'un cinquième.

Dans chaque ministère, des arrêtés contresignés par le Ministre des finances détermineront la nature et le point de départ des

services à admettre pour l'application des dispositions qui pré-
cèdent.

Article 18. Les services militaires effectifs des agents civils
sont liquidés soit comme services civils, soit comme services militaires, conformément aux dispositions de l'article 13 de la
loi.

Les bonifications pour campagnes, pour les périodes de services effectués par les agents civils en qualité d'anciens combattants au cours de la campagne 1914-1919, sont liquidées conformément aux dispositions des articles 36 à 40 de la loi, d'après le
traitement servant de base au calcul de la retraite.

Sont considérés comme anciens combattants les fonctionnaires
civils ayant appartenu aux unités figurant au tableau annexé à
la loi du 17 avril 1924.

Les bonifications pour services aériens sont allouées et décomptées dans tous les cas aux fonctionnaires civils dans les conditions de l'alinéa 2 ci-dessus.

Article 19. Pour les périodes de services militaires qui n'ont
pas été effectuées par les agents civils en qualité d'anciens combattants au cours de la campagne 1914-1919, les bonifications
pour campagnes ne sont attribuées que si les services militaires
sont liquidés en cette qualité dans les conditions de l'article 13
de la loi. Ces bonifications sont décomptées en ce cas d'après
la solde afférente, au moment de la cessation desdits services, au
grade occupé en dernier lieu par l'intéressé.

Article 20. Le temps passé dans les positions de disponibilité
ou de non-activité continue d'être compté pour la retraite dans
les conditions prévues par l'article 16 de la loi.

Dans tous les cas, les retenues légales calculées d'après le
dernier traitement d'activité doivent, à dater du 17 avril 1924,
être versées pour les périodes de disponibilité ou de non-activité
admissibles pour la retraite.

Le traitement moyen des agents placés en disponibilité ou en
non-activité s'établit sur les trois années de services qu'ils ont
rendus, comme titulaires d'emplois, avant leur mise en disponibilité ou en non-activité.

Article 21. La pension pour suppression d'emploi, acquise au
titre de l'article 11, paragraphe 2, de la loi du 9 juin 1853, est
liquidée conformément aux dispositions de l'article 13 (alinéas
1ᵉʳ et 2) du présent règlement.

Article 22. La commission prévue par l'article 20 de la loi, chargée d'apprécier l'invalidité des fonctionnaires et employés civils ou les circonstances de leur décès susceptibles de déterminer les droits à pension de leurs ayants cause, est ainsi composée :

Dans chaque département, sauf le département de la Seine :

Le préfet, ou son délégué, président.

Le trésorier-payeur général, ou son représentant.

Le chef du service dont relève l'intéressé dans le département, ou son représentant.

Un médecin assermenté de l'administration.

Deux agents du même service que l'intéressé et élus par leurs collègues.

Les fonctionnaires relevant d'un même Ministre constitueront un groupe qui élira les deux délégués membres de la commission pour les affaires concernant les agents du même groupe.

Le personnel désigne deux délégués et deux suppléants qui, les uns et les autres, sont renouvelés tous les deux ans.

Les décisions sont prises à la majorité des voix. En cas de partage, le président a voix prépondérante.

Dans le département de la Seine, il est institué une commission de réforme pour chaque ministère. Elle est ainsi composée :

Le directeur ou le chef de service dont relève l'intéressé, ou son représentant, président;

Le contrôleur des dépenses engagées, ou son représentant;

Le directeur ou le chef de service des pensions, ou son représentant;

Un médecin assermenté de l'administration;

Deux agents du même service que l'intéressé et élus par leurs collègues.

Pour l'élection des deux délégués élus du personnel, les agents sont, dans chaque département ministériel, groupés par catégories par un arrêté du Ministre, chaque catégorie étant appelée à élire deux délégués, qui seront membres de la commission pour les affaires concernant les agents de même catégorie.

Le personnel désigne deux délégués et deux suppléants qui, les uns et les autres, sont renouvelés tous les deux ans.

A titre exceptionnel, la commission de réforme de la Seine aura seule compétence pour apprécier l'invalidité des chefs des services des départements.

Un décret, contresigné par le Ministre de l'intérieur ou par le

Ministre des colonies et par le Ministre des finances, réglera la composition d'une ou plusieurs commissions de réforme pour l'Algérie et pour chaque colonie.

Article 23. Le procès-verbal établi à la suite de la décision de la commission de réforme indiquera d'abord la nature et la gravité de l'invalidité constatée, en précisant si cette invalidité met, ou non, le fonctionnaire hors d'état de continuer ses fonctions.

– Il fera également connaître l'avis de la commission sur le point de savoir si l'invalidité constatée, ou le décès, provient soit d'un acte de dévouement ou de l'un des événements énumérés à l'article 19 de la loi du 14 avril 1924, soit d'une maladie, blessure ou infirmité grave résultant de l'exercice des fonctions, soit d'une maladie, blessure ou infirmité grave ne résultant pas de l'exercice des fonctions.

L'intéressé, après avoir pris connaissance de son dossier, peut présenter des observations écrites. La commission peut ordonner toutes mesures d'instruction qu'elle croit nécessaire et faire comparaître devant elle le fonctionnaire.

Si la pension est demandée ou proposée au titre de l'acte de dévouement ou de l'invalidité résultant du service, il sera produit un acte de notoriété établi devant le juge de paix ou le maire et un avis des supérieurs hiérarchiques du fonctionnaire.

Article 24. Les dispositions du dernier alinéa de l'article 79 de la loi sont applicables aux fonctionnaires anciens combattants qui, dégagés de toute obligation militaire, ont contracté un engagement pour la durée des hostilités 1914-1918 dans une formation de l'une des armes ou subdivisions d'armes où les engagements peuvent être reçus aux termes des lois sur le recrutement de l'armée.

Les fonctionnaires en situation de prétendre au bénéfice du dernier paragraphe de l'article 79 de la loi adresseront, à l'appui de leur demande, au Ministre dont ils relèvent, une copie certifiée conforme de leur acte d'engagement et un état signalétique de leurs services.

Article 25. Les agents qui n'étaient pas assujettis à la loi du 9 juin 1853 et auxquels la loi du 14 avril 1924 est applicable, sont astreints à verser rétroactivement les retenues afférentes à ces lois, déduction faite de celles qu'ils auraient déjà versées sous leur régime de retraite antérieur.

La rente viagère ou la pension correspondant aux versements effectués à leur nom restera acquise, mais viendra en déduction de la pension calculée suivant les règles de la nouvelle loi.

Cette rente viagère sera calculée, pour les agents qui auraient effectué des versements à capital réservé, comme si ces versements avaient été faits à capital aliéné.

Un décret rendu sur la proposition du Ministre des finances réglera les modalités d'exécution du présent article.

Les agents auxquels est applicable le premier paragraphe du présent article pourront, toutefois, renoncer au bénéfice de la loi du 14 avril 1924.

TITRE III.

DISPOSITIONS SPÉCIALES AUX MILITAIRES ET MARINS DE CARRIÈRE ET A LEURS AYANTS CAUSE.

Article 26. La pension militaire est basée sur la moyenne des émoluments définis à l'article suivant, que l'ayant droit a effectivement perçus pendant les trois dernières années qui ont précédé sa radiation définitive des contrôles de l'activité.

Pour la détermination de la solde moyenne servant de base au calcul de la pension, le militaire ou marin qui, au cours des trois dernières années ayant précédé sa radiation définitive des contrôles, a occupé des situations admissibles pour la retraite, mais ne comportant pas allocation de la solde afférente à son grade et à l'échelon atteint par lui dans ce grade, est réputé avoir perçu cette solde dans ces différentes situations.

Les pensions qui, aux termes des deux derniers alinéas de l'article 30, du dernier alinéa de l'article 33, du dernier alinéa de l'article 47 et du dernier alinéa de l'article 50 de la loi, sont, à titre exceptionnel, basées sur le dernier grade, doivent être calculées d'après la solde afférente au dernier grade obtenu et à l'échelon atteint dans ce grade.

Si le militaire a été, au cours des trois dernières années d'activité, caporal ou soldat, on calcule séparément, pour le temps passé dans chaque situation, la pension qui lui reviendrait s'il avait occupé cette situation pendant les trois années considérées. Ses droits seront établis d'après la moyenne des pensions séparées ainsi obtenues, moyenne proportionnelle au temps passé dans chaque situation.

Article 27. Jusqu'à revision générale des soldes, la pension des militaires et marins sera calculée en tenant compte de la solde budgétaire métropolitaine de présence à terre, des indemnités temporaires, suppléments temporaires de solde, haute paye, suppléments de haute paye et de l'indemnité pour charges militaires au taux le plus réduit attribué aux célibataires dans chaque grade.

Les taux à considérer, dans chaque cas, seront indiqués dans des instructions qui seront arrêtées par les Ministres intéressés.

Article 28. Une pension à titre d'ancienneté de service est acquise aux officiers des armées de terre et de mer à trente ans de services effectifs admissibles pour le droit à pension et aux militaires non officiers à vingt-cinq ans accomplis de services effectifs, compte tenu, le cas échéant, des dispositions des articles 31 et 32 de la loi et 29 du présent règlement.

Ce droit est acquis à vingt-cinq ans de services effectifs admissibles pour le droit à pension pour les officiers des armées de terre et de mer de toutes armes, de tous corps ou services, non titulaires d'une pension au 17 avril 1924, lorsqu'ils comptent six ans de services accomplis hors d'Europe ou en navigation, quel que soit le lieu de leur naissance et quelle que soit la date à laquelle ces services ont été accomplis.

Le temps passé effectivement par les officiers des troupes coloniales entre le 2 août 1914 et le 11 novembre 1918 dans des formations ouvrant droit au bénéfice de la campagne double, conformément à l'article 10 de la loi du 16 avril 1920, leur est compté pour la moitié de sa durée effective comme temps de séjour hors d'Europe.

La pension des officiers placés en non-activité pour infirmités temporaires visés au cinquième alinéa de l'article 30 de la loi est basée sur la solde moyenne définie à l'article 27 qui précède; elle est égale au minimum de la pension d'ancienneté augmentée des annuités pour campagne.

Article 29. Les grandes écoles militaires et navales visées au deuxième alinéa de l'article 31 de la loi du 14 avril 1924 sont les écoles destinées au recrutement des officiers de carrière, dont l'énumération figure au tableau annexé au présent décret (paragraphe A).

Les écoles militaires préparatoires visées dans le même alinéa sont énumérées dans le même tableau (paragraphe B).

Lorsque des années de services sont forfaitairement allouées à titre de bénéfice d'études préliminaires aux officiers provenant de certaines écoles par des lois ou règlements régulièrement pris, elles comprennent les années passées par les intéressés comme élèves dans lesdites écoles.

Article 30. Les majorations spéciales à l'arme de la gendarmerie prévues par l'article 41 de la loi du 14 avril 1924 n'entrent pas en compte dans le calcul de la majoration pour famille nombreuse. Elles sont réversibles pour moitié sur la veuve et à raison de 10 p. 100 sur les orphelins, conformément aux prescriptions des articles 23, 24 et 26 de la loi du 14 avril 1924.

Article 31. Le droit à l'obtention ou à la jouissance d'une pension pour un militaire de nationalité étrangère se perd dans le cas où l'intéressé, postérieurement à sa libération du service, participerait à un acte d'hostilité contre la France.

Sous cette réserve, la veuve et les orphelins d'un militaire étranger pensionné ont droit à pension si la veuve était, lors de son mariage, en possession de la nationalité française.

Les militaires ayant servi à titre étranger et naturalisés Français sont régis par les mêmes règles que les militaires d'origine française. Il en est de même de leurs ayants droit, quelle que soit l'ancienne nationalité de ces derniers, si ceux-ci obtiennent eux-mêmes la nationalité française.

Article 32. Les dispositions de l'article 44 de la loi du 14 avril 1924 ne font pas obstacle à l'exercice du droit à pension proportionnelle reconnu par les lois de recrutement aux personnels non officiers des armées de terre et de mer visés par les lois lorsqu'ils quittent les drapeaux après quinze ans de services admissibles pour la retraite, mais sous réserve qu'ils aient en outre trente-trois ans d'âge.

Le droit au remboursement des retenues effectivement subies, prévu par le dernier alinéa de l'article 44 de la loi, est ouvert à tout militaire ou marin venant à quitter le service, pour quelque cause que ce soit, sans avoir été admis au bénéfice d'une pension d'ancienneté, proportionnelle. d'invalidité ou de réforme, et enlève tout droit à ces pensions sauf reversement des retenues.

Le remboursement des retenues entraîne pour l'intéressé incapacité de prétendre à l'allocation du pécule institué par l'article 80 de la loi du 1er avril 1923 et exclut la possibilité pour lui, sauf reversement, de faire état de ses précédents services pour l'obtention ultérieure d'une pension d'ancienneté ou proportionnelle ou d'une solde de réforme.

Le sous-officier ou l'officier marinier, réformé définitivement sans avoir acquis des droits à une pension proportionnelle ne peut obtenir la solde de réforme prévue au troisième alinéa de l'article 45 de la loi que s'il n'a pas droit à une pension d'invalidité du fait de l'infirmité ayant entraîné la réforme.

Article 33. Les pensions proportionnelles acquises en exécution de l'article 46 de la loi du 14 avril 1924 sont à payement immédiat. Elles sont dues aux officiers lorsqu'ils sont atteints par la limite d'âge et accordées en sus du contingent prévu par l'avant-dernier alinéa de l'article 44.

Des arrérages des pensions ainsi concédées sera déduit, le cas échéant, le montant de la rente viagère correspondant aux versements effectués au nom des intéressés par application de l'article 7 de la loi du 30 avril 1920. Cette rente sera calculée, pour les officiers ayant effectué les versements à capital réservé, comme si ces versements avaient été effectués à capital aliéné. Un décret rendu sur la proposition du Ministre de la guerre, du Ministre des pensions et du Ministre des finances réglera les modalités d'exécution du présent alinéa.

Article 34. Les pensions auxquelles ont droit les officiers à titre temporaire conformément à la loi du 22 juillet 1921 sont calculées dans les conditions fixées par l'article 44 de la loi du 14 avril 1924 et sur la base de la moyenne des soldes perçues par les intéressés pendant les trois dernières années d'activité qui ont précédé leur radiation des contrôles de l'activité. Elles sont à payement immédiat et accordées en sus du contingent prévu par l'avant-dernier alinéa de l'article 44 précité.

Article 35. Les deuxième et troisième alinéas de l'article 47 de la loi du 14 avril 1924 sont applicables aux officiers des cadres actifs atteints d'infirmités graves et incurables les rendant définitivement incapables d'accomplir leur service et les mettant, par suite, hors d'état de rester en activité en leur ôtant la possibilité d'y rentrer ultérieurement.

Ils s'appliquent aux hommes de troupe qui servent au delà de la durée légale en vertu d'un contrat, atteints d'infirmités graves et incurables les rendant définitivement incapables d'accomplir leur service.

Les intéressés peuvent être mis à la retraite soit d'office dans les conditions prévues par l'article 1er de la loi du 30 avril 1920, soit sur leur demande. Ceux dont l'infirmité est attribuable à un service accompli en opérations de guerre peuvent se récla-

mer de l'article 59 de la loi du 31 mars 1919. La partie de pension leur revenant fondée sur la durée des services et campagnes est calculée dans les conditions fixées par l'article 44 de
la loi du 14 avril 1924.

Le minimum prévu au dernier alinéa de l'article 47 de cette
dernière loi est dû dans tous les cas où l'infirmité est imputable
au service. Les intéressés ont, en outre, droit, le cas échéant,
aux majorations prévues par l'article 13 de la loi du 31 mars
1919 et aux majorations supplémentaires temporaires prévues
par l'article 138 de la loi de finances du 31 décembre 1921.

Article 36. Lorsque le décès du militaire n'est pas causé par
une infirmité contractée ou aggravée par le fait ou à l'occasion
du service, les droits des ayants cause sont les suivants :

1° Militaire titulaire d'une pension à jouissance immédiate ou
différée fondée sur la durée des services :

a) Militaire non titulaire d'une pension mixte de l'article 59
ou 60 de la loi du 31 mars 1919 :

La pension des ayants cause est basée sur la pension du militaire.

b) Militaire titulaire d'une pension mixte de l'article 59 ou 60
de la loi du 31 mars 1919 :

Si l'invalidité était inférieure à 60 p. 100, la pension des
ayants cause est basée sur la partie de pension du militaire fondée sur la durée des services.

Si l'invalidité était au moins égale à 60 p. 100, les ayants
cause ont droit à la réversibilité de la partie de pension fondée
sur la durée des services et, en outre, à la pension du taux de
réversion prévue par la loi du 31 mars 1919 pour une veuve de
soldat. Ils peuvent opter, aux lieu et place de cette pension
mixte, pour la pension du taux de réversion prévue par la loi
du 31 mars 1919 pour le grade du militaire;

2° Militaire décédé en activité de service après avoir accompli au moins quinze ans de services :

a) Militaire non titulaire d'une pension d'invalidité en exécution de l'article 2 de la loi du 30 avril 1920 :

La pension des ayants cause est calculée dans les conditions
fixées par l'article 49 de la loi du 14 avril 1924 et selon le mode
de décompte prescrit par l'article 44 de la même loi.

b) Militaire titulaire d'une pension d'invalidité en exécution
de l'article 2 de la loi du 30 avril 1920 :

Si l'invalidité était inférieure à 60 p. 100, la pension des ayants cause est calculée conformément aux indications de l'alinéa 2°, *a*), qui précède.

Si l'invalidité était au moins égale à 60 p. 100, les ayants cause ont droit à la pension prévue par l'alinéa 2°, *a*), qui précède, pension augmentée d'une pension du taux de réversion prévue par la loi du 31 mars 1919 pour une veuve de soldat. Ils peuvent aux lieu et place de cette pension mixte, opter pour la pension du taux de réversion prévue par la loi du 31 mars 1919 pour le grade du militaire;

3° Militaire décédé en activité de service sans avoir accompli quinze ans de services :

a) Militaire non titulaire d'une pension d'invalidité en exécution de l'article 2 de la loi du 30 avril 1920 :

Les ayants cause ont droit à une pension calculée d'après la rente viagère qui aurait été acquise au militaire le jour de son décès par application des paragraphes 2 et 3 de l'article 22 de la loi du 14 avril 1924;

b) Militaire titulaire d'une pension d'invalidité en exécution de l'article 2 de la loi du 30 avril 1920;

Si l'invalidité était inférieure à 60 p. 100, les ayants cause ont droit à la pension prévue à l'alinéa 3°, *a*), qui précède.

Si l'invalidité était au moins égale à 60 p. 100, les ayants cause ont droit à cette même pension et, en outre, à la pension de réversion du taux de soldat prévue par la loi du 31 mars 1919. Ils peuvent, aux lieu et place de ces émoluments, opter pour la pension du taux de réversion prévue pour le grade du militaire par la loi du 31 mars 1919.

Article 37. Lorsque le décès du militaire a pour cause une infirmité contractée ou aggravée par le fait ou à l'occasion du service, les droits des ayants cause sont les suivants :

1° Militaire titulaire d'une pension fondée en tout ou en partie sur la durée des services.

Les intéressés peuvent opter pour l'une des pensions ci-après :

a) Pension du taux prévu pour le grade du militaire par la loi du 31 mars 1919;

b) Pension mixte prévue par la loi du 31 mars 1919.

Toutefois, si l'une ou l'autre de ces pensions est inférieure au minimum déterminé au dernier alinéa de l'article 50 de la loi du 14 avril 1924, le montant de la pension est fixé à ce minimum;

2° Militaire décédé en activité de service après avoir accompli au moins quinze ans de service :

Les ayants cause peuvent opter pour l'une des trois pensions prévues à l'alinéa 1ᵉʳ qui précède;

3° Militaire décédé en activité de service avant d'avoir accompli au moins quinze ans de services. Les ayants cause peuvent opter pour l'une des pensions ci-après :

a) Pension du taux prévu pour le grade du militaire par la loi du 31 mars 1919;

b) Pension calculée dans les conditions fixées à l'alinéa 3°, *a*), de l'article précédent, et, en outre, pension du taux normal ou exceptionnel prévu par la loi du 31 mars 1919 pour une veuve de soldat.

Si la pension prévue au paragraphe *a*) qui précède ou le total des pensions prévues au paragraphe *b*) sont inférieurs au minimum déterminé au dernier alinéa de l'article 50 de la loi, le montant de la pension est fixé à ce minimum.

Article 38. Les dispositions du troisième alinéa de l'article 62 de la loi du 14 avril 1924 ne font pas obstacle au cumul d'une pension accordée au titre de cette dernière loi avec une pension allouée en exécution de la loi du 31 mars 1919, sous réserve des dispositions restrictives de l'article 58 de la loi du 31 mars 1919.

Article 39. Les dispositions du présent titre sont applicables aux ingénieurs militaires, agents et sous-agents militaires des poudres régis par la loi du 25 mars 1914 et à leurs ayants cause.

TITRE IV.

DISPOSITIONS SPÉCIALES AUX FONCTIONNAIRES CIVILS DES DIVERS DÉPARTEMENTS MINISTÉRIELS ET AUX OUVRIERS IMMATRICULÉS DES ÉTABLISSEMENTS DE L'ÉTAT ASSUJETTIS A LA LÉGISLATION DES PENSIONS MILITAIRES ET A LEURS AYANTS CAUSE.

Article 40. Les conditions d'âge et d'ancienneté de services requises pour le droit à la pension d'ancienneté des fonctionnaires civils des divers Départements ministériels et des ouvriers immatriculés des établissements de l'État admis au bénéfice de la législation des pensions militaires, demeurent fixées par les textes législatifs ou réglementaires en vigueur antérieurement à la promulgation de la loi du 14 avril 1924.

Les ouvriers immatriculés des établissements de l'Etat ont droit à la pension d'ancienneté à vingt-cinq ans accomplis de services effectifs à l'Etat et cinquante ans d'âge.

Article 41. Pour la détermination de la solde moyenne servant de base au calcul de la pension, les fonctionnaires civils admis au bénéfice de la législation des pensions militaires sont réputés, quelles que soient les situations qu'ils ont occupées au cours des trois années qui ont précédé leur radiation définitive des contrôles, avoir perçu dans ces différentes situations la solde afférente aux emplois exercés par eux et aux classes atteintes dans ces emplois.

Article 42. Lorsqu'un fonctionnaire ou employé civil appartenant à l'une des catégories de personnels civils admis postérieurement au 16 avril 1924 au bénéfice de la législation des pensions militaires fera valoir ses droits à une pension d'ancienneté, l'état signalétique des services produit à l'appui du mémoire de proposition de pension devra indiquer expressément la date à laquelle le fonctionnaire ou l'employé aura été inscrit sur la liste d'admissibilité ou sur la liste de classement à l'emploi donnant droit au bénéfice de la législation des pensions militaires.

Article 43. La pension des ouvriers immatriculés est calculée d'après les mêmes règles que celles fixées pour les militaires et selon les assimilations déterminées par l'article 74 de la loi du 14 avril 1924. Sauf le cas d'incapacité définitive de travail ou de service, dûment constatée, la jouissance de la pension est différée jusqu'au moment où l'ouvrier a réalisé la condition d'âge de cinquante ans.

Article 44. Le minimum de la pension d'ancienneté allouée aux personnels civils visé au présent titre est accru, le cas échéant, à raison d'un cinquantième du traitement ou de la solde de base par année de services effectifs en sus ou par année de campagne.

Les bénéfices de campagne acquis par ces personnels dans l'exercice de leurs fonctions civiles sont décomptés selon les règles fixées par les lois des 11 et 18 avril 1831 et par la loi du 16 avril 1920.

Article 45. Les services civils et les services militaires accomplis par les fonctionnaires civils et par les ouvriers ex-immatriculés admis au bénéfice de la législation sur les pensions militaires se totalisent lors de l'admission à la retraite et sont considérés comme services militaires au point de vue du décompte de la pension.

La même règle est applicable aux intéressés pour ceux de leurs services visés par l'article 72 de la loi du 14 avril 1924.

Article 46. Les pensions pour invalidité des personnels civils visés au présent titre restent fixées pour ceux qui peuvent y prétendre, par les lois des 11 et 18 avril 1831 et par la loi du 31 mars 1919.

Article 47. Lorsque le décès du fonctionnaire ou de l'ouvrier n'est pas causé par une infirmité contractée ou aggravée par le fait ou à l'occasion du service et n'ouvre pas droit à la pension prévue par la loi du 31 mars 1919, les droits des ayants cause sont fixés par les dispositions du chapitre III du titre Ier de la loi du 14 avril 1924 et du titre Ier du présent règlement, sous réserve des dispositions spéciales suivantes :

1° Fonctionnaire ou ouvrier décédé après vingt-cinq ans de services effectifs :

a) Titulaire d'une pension d'ancienneté ou en possession de droits à cette pension. La pension des ayants cause est basée sur le taux de cette pension;

b) Non titulaire d'une pension d'ancienneté ou en possession de droits à cette pension. La pension des ayants cause est basée sur la pension proportionnelle présumée allouée au fonctionnaire ou à l'ouvrier et qui serait calculée selon les règles fixées par l'article 44 de la loi du 14 avril 1924 pour les militaires et marins;

2° Fonctionnaire ou ouvrier décédé avant de réunir vingt-cinq ans de services effectifs. La pension des ayants cause est calculée comme il est indiqué au paragraphe 1°, *b)*, ci-dessus.

Lorsque le décès du fonctionnaire ou de l'ouvrier est causé par une infirmité contractée ou aggravée par le fait ou à l'occasion du service, les ayants cause peuvent opter pour la pension fixée par la loi du 31 mars 1919, lorsqu'ils peuvent y prétendre ou pour la pension calculée comme il est indiqué au présent article lorsque celle-ci leur est plus favorable.

Article 48. Un décret rendu sur la proposition du Ministre intéressé et contresigné par le Ministre des finances réglera les modalités d'exécution des prescriptions des deux derniers paragraphes de l'article 74 de la loi du 14 avril 1924, ouvrant un nouveau droit d'option pour le bénéfice des dispositions dudit article, aux ouvriers ex-immatriculés qui ont déjà opté, en vertu de la loi du 21 octobre 1919, pour le régime des retraites des ouvriers des établissements industriels de l'Etat.

Article 49. Seuls les chefs d'ateliers de la guerre, c'est-à-dire les agents occupant un emploi de maîtrise et régis par les décrets du 25 septembre 1920 et les agents techniques de la marine peuvent bénéficier des dispositions de l'article 75 pour les services rendus postérieurement au 16 avril 1924.

Article 50. Les fonctionnaires et employés civils bénéficiant du régime des pensions militaires, nommés antérieurement au 17 avril 1924, et qui voudront exercer le droit d'option prévu à l'article 76, premier alinéa de la loi du 14 avril 1924, devront formuler leur demande dans les conditions fixées par l'article 12 du présent règlement et dans le délai d'un an à dater de sa publication.

Pour les fonctionnaires et employés en service ou en résidence hors de la France continentale, le délai prévu ci-dessus est porté à dix-huit mois.

Article 51. Les services militaires effectifs et les services civils accomplis par les personnels visés au présent titre alors qu'ils étaient placés sous le régime des pensions militaires, concourront avec les services civils rendus après l'option prévue par l'article 76 (premier alinéa) de la loi du 14 avril 1924 pour établir le droit à pension.

Les services militaires qui auraient déjà été rémunérés par une pension ou une solde de réforme ne servent qu'à constituer le droit à pension civile pour leur durée effective et n'entrent pas dans le calcul de la liquidation.

Les services militaires qui n'auraient pas été rémunérés, soit par une pension, soit par une solde de réforme, sont liquidés soit comme services militaires d'après le taux qui leur serait applicable au moment de la cessation de ces services, soit comme services civils actifs suivant que l'une ou l'autre des liquidations est plus favorable au fonctionnaire.

Sont également assimilés à des services militaires tant au point de vue de la constitution du droit à pension que du calcul de la pension, les services civils rendus par les fonctionnaires ou employés pendant le temps où ils étaient placés sous le régime des pensions militaires.

Les bonifications pour campagne sont décomptées, le cas échéant, comme il est indiqué aux articles 18 et 19 du présent règlement.

Article 52. Les fonctionnaires, employés ou ouvriers ex-immatriculés admis au bénéfice des pensions militaires et retraités antérieurement au 17 avril 1924 pour cause de blessures ou d'infirmités dans les conditions prévues par les lois des 11 et 18 avril 1831 pourront, s'ils réunissaient des droits à pension d'ancienneté au moment de leur radiation des contrôles, obtenir, à dater du 17 avril 1924, une pension d'ancienneté dans les conditions fixées par la loi du 14 avril 1924, pour les personnels de la même catégorie.

Leur demande de revision de la pension dont ils sont actuellement titulaires devra être formulée dans un délai d'un an, à compter de la publication et dans les conditions fixées par l'article 12 du présent règlement.

Pour les fonctionnaires et employés en service ou en résidence hors de la France continentale, le délai prévu ci-dessus est porté à dix-huit mois.

Les pensions ainsi revisées sont exclusives de toutes majorations à titre de bonifications pour famille nombreuse ou d'indemnité pour charges de famille.

TITRE V.

DISPOSITIONS SPÉCIALES AUX AGENTS CIVILS ET MILITAIRES DONT LA PENSION ÉTAIT CONCÉDÉE LE 17 AVRIL 1924, AINSI QU'A LEURS AYANTS CAUSE.

Article 53. Les émoluments entrant en compte pour la revision de la retraite prévue par l'article 94 de la loi sont ceux qui entreraient en compte pour le calcul de la pension d'un fonctionnaire ou d'un militaire supposé retraité au titre de la durée des services le 17 avril 1924.

Les pensions revisées en exécution de l'article 94 précité sont exclusives de toutes majorations à titre de bonification pour famille nombreuse ou d'indemnités pour charges de famille.

Article 54. Pour la revision des pensions des anciens fonctionnaires civils, le traitement moyen sera établi d'après les émoluments qui auraient été effectivement touchés par un agent occupant les mêmes emplois et les mêmes classes pendant la période du 17 avril 1921 au 16 avril 1924.

La pension sera liquidée selon le mode de calcul prescrit par les articles 1er et 13 du présent règlement d'après le décompte des services tel qu'il est porté au décret initial de concession ou, s'il ne figure pas à ce décret, tel qu'il est porté au bordereau de la liquidation initiale.

Pour les agents à remises et salaires variables, le traitement de base sera établi d'après le traitement qui sera déterminé pour le calcul de la retraite des agents de même catégorie en activité par le règlement d'administration publique prévu à l'article 6, premier paragraphe, de la loi du 14 avril 1924.

La pension nouvelle des veuves et orphelins titulaires de pensions sera calculée à raison de 50 p. 100 de la pension qui serait revenue au mari ou au père, d'après les règles ci-dessus tracées, si sa retraite avait été revisée.

Les dispositions du présent article sont applicables aux ingénieurs, agents et sous-agents techniques des poudres et salpêtres retraités sous le régime de la loi du 9 juin 1853 et à leurs ayant cause.

Article 55. Les militaires et marins de carrière, titulaires d'une pension d'ancienneté, proportionnelle, de réforme ou d'invalidité des articles 59 ou 60 de la loi du 31 mars 1919 ont droit à la revision de la partie de leur pension fondée sur la durée des services, dans les conditions fixées par l'article 94 de la loi du 14 avril 1924.

La solde moyenne sera calculée en prenant pour base les émoluments attachés, pendant la période du 17 avril 1921 au 16 avril 1924, aux grades du militaire et aux échelons de solde qu'il a occupés au cours des trois années qui ont précédé sa radiation des contrôles de l'activité.

Les pensions d'ancienneté seront liquidées d'après le mode de calcul tracé par l'article 1er du présent règlement.

Les pensions proportionnelles sont revisées d'après le mode de décompte prévu par l'article 44 de la loi du 14 avril 1924.

Le décompte des services établi lors de la liquidation initiale de la pension est pris en considération dans la limite des maxima fixés par les articles 2 et 34 de la loi du 14 avril 1924 et, pour les militaires ayant été mobilisés au cours de la campagne 1914-1919, de l'article 80.

Les pensions des veuves et orphelins des militaires de carrière seront calculées à raison de 50 p. 100 de la pension qui serait revenue au mari ou au père, d'après les règles ci-dessus tracées, si sa retraite avait été revisée.

Les dispositions du présent article sont applicables aux ingénieurs militaires, agents et sous-agents militaires des poudres titulaires d'une pension sous le régime de la loi du 25 mars 1914 et à leurs ayants cause.

Article 56. La revision des pensions prévue par l'article 94 de la loi s'effectue pour les anciens ouvriers immatriculés assujettis à la législation des pensions militaires en prenant pour base la solde moyenne servant de base à la revision de la pension des personnels militaires, d'après les mêmes règles et selon les assimilations déterminées par l'article 74 de la loi du 14 avril 1924.

La pension des veuves et orphelins sera calculée à raison de 50 p. 100 de celle qui serait revenue au mari ou au père si cette pension avait été revisée.

Article 57. Le Ministre des finances est chargé de l'exécution du présent décret, qui sera publié au *Journal officiel* de la République française et inséré au *Bulletin des lois*.

Fait à Rambouillet, le 2 septembre 1924.

GASTON DOUMERGUE.

Par le Président de la République :

Le Ministre des finances,

CLÉMENTEL.

TABLEAU ANNEXE AU RÉGLEMENT.

Section A.

Grandes écoles militaires et navales pour le recrutement direct des officiers de carrière.

Ecole polytechnique.
Ecole spéciale militaire.
Ecole du service de santé des troupes métropolitaines.
Ecole navale.
Ecole du service de santé de la marine.
Ecole du commissariat maritime.
Ecole d'administration de l'inscription maritime.
Ecole des élèves officiers mécaniciens.

Section B.

Ecoles militaires préparatoires.

Ecoles militaires préparatoires de **Rambouillet**, les Andelys, Saint-Hippolyte, Billom, Tulle, Autun.
Ecole du Prytanée militaire.
Ecole des apprentis marins.
Ecole des apprentis mécaniciens de la marine.
Ecole des sous-officiers de la marine.
Ecole des pupilles de la marine.